MODE D'ACTION

DES

ANESTHÉSIQUES

PAR INSPIRATION.

MOYENS DE PRÉVOIR QUELS AGENTS PEUVENT EN JOUER LE ROLE

D'EN COMPOSER DE NOUVEAUX

ET DE MODIFIER LEURS PROPRIÉTÉS SUIVANT LES INDICATIONS

PAR

M. ÉDOUARD-ROBIN

PROFESSEUR DE CHIMIE, ETC.

PARIS

CHEZ J.-B. BAILLIÈRE

LIBRAIRE DE L'ACADÉMIE NATIONALE DE MÉDECINE, RUE HAUTEFEUILLE, 19

A LONDRES, chez H. BAILLIÈRE, 219, Regent-Street

A MADRID, chez C. BAILLY-BAILLIÈRE, calle del Principe, 11

1852

De nombreuses expériences, faites par les grands maîtres, ont montré que, lorsqu'un sang noir convenablement désoxygéné arrive dans les organes à la place du sang rouge, il produit l'insensibilité et la perte de la contractilité. Or tels sont les effets que l'éther détermine quand il pénètre à dose suffisante dans la circulation.

Et ce qui prouve que l'action de l'éther sur le sang est primitive :

C'est, d'abord, qu'à l'occasion de sa vapeur il pénètre nécessairement dans la circulation moins d'air, conséquemment moins d'oxygène que dans l'état ordinaire, et que l'effet est d'autant plus marqué, toutes choses égales, que la température est plus élevée ;

C'est, en outre, que, l'éther pouvant à la température ordinaire, et surtout au contact des tissus, s'oxyder par l'oxygène libre, il est impossible que, dans la circulation, au contact des matières animales très divisées et en voie de combustion lente, ce fluide n'éprouve pas une oxygénation qui, suffisamment abondante, nuirait à l'hématose ;

C'est, d'ailleurs, que les effets physiologiques produits par l'éther, quand il pénètre à dose convenable dans la circulation, sont ceux qui résultent de l'absence de conversion du sang noir en sang rouge ;

C'est, enfin, que les autopsies opérées à la suite d'empoisonnement par l'éther ont fait voir que l'état des organes est celui qu'on observe à la suite des asphyxies : le sang est noir, fluide, et il engorge les poumons, le foie, la rate, enfin tout le système vasculaire à sang noir.

Ainsi, d'une part, la circulation du sang noir dans les organes à la place du sang rouge rend compte de l'éthérisation ; d'autre part, les propriétés physiques et chimiques de l'éther rendent cette circulation nécessaire, et les autopsies faites tendent à montrer qu'elle a lieu en réalité.

Le mode d'action que j'assignais à l'éther semble donc parfaitement rationnel.

Depuis que j'ai eu l'honneur de vous adresser ma Note, Messieurs, de nombreuses expériences ont été faites. Toutes sont venues en confirmation de la cause que j'avais attribuée à l'action de l'éther.

MM. Amussat, Flourens et plusieurs expérimentateurs ont reconnu que, dans les cas où l'éther est en quantité suffisante pour opérer une diminution générale très prononcée dans la sensibilité et la contractilité, le sang des artères a pris une nuance plus foncée.

Les expériences nouvelles ont mis hors de doute cet autre fait, qui paraît avoir échappé à l'attention : la différence bien connue qu'on observe dans le temps nécessaire à l'asphyxie des animaux à sang chaud et de ceux à sang froid se retrouve dans le temps qu'il mettent à perdre la vie sous l'influence de l'éther.

Dans une même classe, les petites espèces résistent moins que les grandes.

Dans les classes différentes, plus la respiration est active plus la mort est rapide.

Les oiseaux sont éthérisés plus promptement que les mammifères,

Et les mammifères plus promptement que les reptiles.

Prenons quelques exemples.

Il existe une différence considérable entre la grande résistance opposée à l'éthérisation par les lapins, et la faible résistance opposée par les poules.

Dans des conditions où les souris meurent après 5 minutes, les grenouilles ne meurent qu'après 60 minutes.

Plongés dans une atmosphère saturée de vapeur d'éther, des couleuvres et des lézards ne se sont engourdis qu'après 50 minutes, et les lézards n'ont perdu la vie qu'après trois quarts d'heure.

D'autres expériences, laissées sans interprétation, ont manifesté toute l'influence, tant de la combustion du fluide éthérisant que de son abondante volatilisation ou de la diminution dans la quantité de l'oxygène que le sang dissout.

Tandis que l'éther sulfurique, qui bout à 55°, 66, mettait 25 à 50 minutes pour produire sur des chiens l'insensibilité générale et l'immotricité, l'éther chlorhydrique, qui bout à 11°, produit en 12 minutes les mêmes effets sur les mêmes animaux.

D'ailleurs, comme cela devait être, puisque l'éther chlorhydrique, plus volatil que l'autre, pouvait par cela même s'échapper plus vite dans l'expiration, l'éthérisation chlorhydrique disparaissait bien plus vite que l'éthérisation sulfurique. (Expériences de M. Flourens.)

Voilà pour la quantité d'oxygène qui pénètre dans le sang. Voici maintenant l'influence de la quantité de combustion du liquide éthérisant.

L'éther azoteux se décompose au contact de l'eau et donne naissance à de l'acide azotique et à du bioxyde d'azote. Dès lors, introduit dans la circulation, il ne pouvait manquer de s'y comporter comme un désoxydant énergique. Eh bien, il produit des effets beaucoup plus rapides et plus intenses que les autres éthers. A cet égard, les résultats de M. Flourens sont des plus tranchés. L'illustre physiologiste s'exprime ainsi :

« Dans trois expériences successives, faites avec l'éther nitrique (azoteux), l'animal a constamment succombé dans l'espace compris entre 1 et 2 minutes. Le sang de l'animal soumis à l'éther sulfurique brunit beaucoup. Celui de l'animal soumis à l'éther chlorhydrique reste beaucoup plus rouge ; à la vérité, l'expérience dure beaucoup moins longtemps. Le sang de l'animal soumis à l'éther nitrique (azoteux) devient presque tout à fait noir, ou, plus exactement, d'une couleur brun-chocolat toute particulière, et les chairs ont la même couleur que le sang. » (*C. r. des s. de l'Ac. des sc.*, 22 février 1847.)

On le voit donc, faits nouveaux, faits anciens, tout concourt à montrer que l'éther agit par une action sur le sang.

Par suite de vieilles habitudes médicales, on a tenté néanmoins une autre explication : l'éther exercerait *directement* une action *singulière* sur le système nerveux ; les autres phénomènes seraient consécutifs.

Voilà bien une allégation ; mais où sont les preuves à l'appui? Non-seulement on n'en donne pas, mais ce qui est remarquable, c'est que le fait connu relativement à l'action de l'éther sur les nerfs suffirait à lui seul pour montrer que l'action exercée par ce fluide inspiré est toute différente de celle qu'il exerce directement sur ces organes.

En effet M. Serres, l'habile anatomiste, a constaté :

1° Que, comme la chimie le faisait prévoir, « la sensibilité est abolie dans les nerfs soumis immédiatement à l'action de l'éther (liquide), d'une part dans les points soumis à cette action, d'autre part dans les radiations qui émergent du nerf au-dessous de ce point; » 2° que la perte de contractilité des muscles auxquels se distribuent les nerfs accompagne l'insensibilité déterminée dans ces nerfs par l'action de l'éther liquide.

Mais, et c'est là ce qu'il importe de noter, l'action directe de l'éther liquide sur les nerfs n'est point passagère comme celle qui caractérise l'éthérisation. Ce fluide « a *produit un effet permanent* qui, selon toute probabilité, sera définitif. » (M. Serres, *C. r. des s. de l'Ac. des sc.*, 15 février 1847.)

Ainsi donc, pendant que, dans le mode d'explication que j'ai donné, tout se comprend, tout se prévoit, tout est nécessaire, rien ne s'expliquerait, tout serait mystère dans l'autre prétendu mode d'explication.

On le voit par cette Note, le premier j'ai attribué l'éthérisation à une action sur le sang, consistant en une opposition à l'hématose.

Le premier aussi, j'ai donné à l'appui de cette manière de voir les arguments dont la science pouvait alors disposer.

Il restait encore beaucoup à faire. On verra, par les Notes suivantes, si j'ai atteint le but.

DEUXIÈME NOTE[1].

Qu'ils soient ou qu'ils ne soient pas brûlés dans le sang, les anesthésiques par inspiration le protégent avec énergie contre la combustion lente, contre l'hématose; par là ils contribuent puissamment à produire les phénomènes de l'anesthésie.

A Messieurs les membres de l'Académie des sciences, le 21 janvier 1850.

Messieurs,

J'ai l'honneur de vous communiquer quelques recherches qui me paraissent éclairer l'action physiologique de l'éther, du chloroforme, et des agents anesthésiques analogues.

L'éther sulfurique et le chloroforme exercent sur le sang une action puissante : l'action est de nature à produire les phénomènes de l'anesthésie.

Voici comment j'ai été conduit à ce résultat.

Considérant que, d'après mes recherches, les substances qui préservent de putréfaction les matières animales mortes agissent en les mettant à l'abri de la combustion lente qui en serait opérée aux températures ordinaires par l'oxygène humide, j'ai pensé que, lorsque ces substances antiputrides après la mort pénétreraient à dose suffisante dans la circulation pendant la vie, elles s'opposeraient aussi à la combustion lente des éléments protéiques du sang, et par suite causeraient la mort par asphyxie.

J'ai voulu savoir quels phénomènes physiologiques pré-

(1) Cette note a été insérée dans la *Revue scientifique*, numéro de janvier 1851, t. XXXVIII, p. 18.

céderaient cette mort par asphyxie, et se produiraient aux doses insuffisantes pour la déterminer. J'ai dès lors étudié l'influence exercée chez les divers animaux par une diminution d'oxygénation graduellement portée jusqu'à la suppression complète.

J'ai trouvé que non-seulement, comme on le savait, la combustion du sang est dans tous les animaux essentielle à l'activité de la vie, mais encore que dans tous la quantité de vie est en proportion de la quantité de combustion qui s'y opère.

J'ai conclu que, si les agents qui après la mort protégent les matières animales contre l'action de l'oxygène humide exercent la même protection quand ils pénètrent à dose suffisante dans la circulation pendant la vie, ils diminueront alors la quantité de vie, c'est-à-dire la sensibilité et la contractilité, en même temps que la quantité de combustion ; en sorte que, suivant la dose, ils seront sédatifs, hyposthénisants, anesthésiques, et enfin capables de causer la mort par asphyxie.

Cette manière de voir acceptée serait le principe d'une sorte de révolution en thérapeutique et en toxicologie. Il importait de savoir si elle était appuyée ou contredite par les faits nombreux présentement acquis à la science. D'après mes investigations à cet égard, les faits constatés par les plus habiles observateurs viennent en confirmation de la théorie : *ceux d'entre les conservateurs des matières animales mortes dont le mode d'action sur l'économie vivante a été suffisamment étudié agissent à haute dose comme des poisons faisant mourir par asphyxie, et, à dose convenablement faible, comme sédatifs et hyposthénisants.* L'inventaire que j'ai exposé montre d'ailleurs à chacun ce qu'il reste à entreprendre pour que la question soit décidée à ses yeux ; les expérimentateurs trouveraient là un sujet d'études du plus haut intérêt.

Telles sont mes premières recherches. Elles font l'objet de Notes depuis quelque temps publiées dans la *Revue scientifique* et dans le *Journal de chimie médicale*.

Je prends aujourd'hui la réciproque du principe qui a été mon point de départ.

Considérant d'un côté que, dans la production des phénomènes anesthésiques, l'éther sulfurique et le chloroforme présentent tous les effets qui seraient opérés par une diminution de combustion dans les éléments protéiques du sang, portée au point de produire un commencement d'asphyxie; considérant, d'un autre côté, que les connaissances acquises par un long travail sur les antiputrides me conduisaient à regarder ces deux anesthésiques comme s'opposant à la combustion lente des matières animales par l'oxygène humide, j'étais fondé à croire que, passés à dose suffisante dans la circulation, ils devaient s'y opposer à la combustion du sang, à sa conversion complète en sang artériel, et que leurs effets anesthésiques provenaient, sinon en totalité, au moins en grande partie, de cette source.

Il fallait alors recourir à l'expérience, et voir si en effet l'éther et le chloroforme s'opposent à l'action de l'oxygène humide sur les matières animales; si, de plus, l'action est énergique, et s'exerce même à doses faibles, même par l'intermède d'une grande proportion d'eau.

J'ai expérimenté, et j'ai reconnu que telle est précisément l'action de ces agents sur les matières animales.

Après la mort, ils les protégent de la manière la plus puissante contre toute putréfaction, contre toute combustion par l'oxygène humide.

L'action s'exerce, soit dans l'éther sulfurique et le chloroforme à l'état de liquides purs, soit dans leur vapeur et dans des quantités d'eau considérables ou la vapeur se répand, bien que pourtant elle ne s'y dissolve qu'en proportion extrêmement faible.

La conservation, soit dans l'éther et le chloroforme à l'état de liquides purs, soit dans leur vapeur mélangée à l'air, soit dans l'eau où leur vapeur se répand, dure depuis près de quatre mois ; elle continue d'avoir lieu.

Et qu'on ne croie pas que la quantité de ces agents qui pénètre durant la vie soit insuffisante pour produire des effets de cette nature. Mes expériences le montrent nettement : on peut alors faire inspirer l'éther et le chloroforme en assez grande proportion pour qu'ils conservent d'une manière très notable l'animal après la mort, c'est-à-dire pour qu'ils le protégent plus ou moins longtemps contre l'action de l'oxygène humide.

Voilà donc un fait maintenant bien constaté : hors de toute influence nerveuse, et même à doses extrêmement faibles, l'éther sulfurique et le chloroforme paralysent l'action de l'oxygène humide sur le sang, et en général sur les matières animales.

Il est donc rationnel d'admettre que, passés à dose suffisante dans la circulation pendant la vie, ils y paralysent plus ou moins l'action de l'oxygène.

Et comme une diminution considérable dans l'oxygénation du sang est capable de causer la perte de sensibilité et de contractilité qui constitue essentiellement l'anesthésie ;

Comme en outre, dans l'hypothèse où l'éther et le chloroforme, pris à l'intérieur, exerceraient une action sur le système nerveux, cette action n'aurait lieu que par l'intermède du sang, et lorsque ce fluide aurait déjà été modifié de manière à produire des phénomènes analogues à ceux qu'on observe ;

Il est encore rationnel d'admettre que la diminution d'oxygénation résultant

D'une part, de la protection que, passés dans la circulation, ces agents exercent contre les phénomènes chimiques qu'y produirait l'oxygène en dissolution dans le sang;

D'autre part, de la pénétration d'une moins grande quantité d'air, nécessitée par l'inhalation de leurs vapeurs,

Contribue puissamment à produire les phénomènes de l'anesthésie, si tant est qu'elle n'en soit pas la cause unique.

Quant à la question de savoir si l'éther sulfurique et le chloroforme exercent directement sur les nerfs une action particulière qui concourrait à la production des phénomènes anesthésiques, je la renvoie à une autre Note.

Une seule observation pour le moment. Même quand il y aurait action directe sur le système nerveux, l'action, d'après les faits constatés, ne pourrait toujours être qu'une paralysie momentanée, qui, concurremment avec l'action directe de l'agent anesthésique sur le sang, contribuerait à l'asphyxie. D'où il résulte, enfin, que c'est toujours l'asphyxie qu'on doit considérer, tant lorsqu'on a pour but de produire l'anesthésie, que lorsqu'on se propose d'en faire cesser les phénomènes.

Post-Scriptum. — D'après mes expériences, la liqueur des Hollandais, l'éther acétique, l'huile de naphte, le sulfure de carbone et l'acide cyanhydrique s'opposent aussi à la putréfaction, à la combustion lente des matières animales par l'oxygène humide. J'admets, en conséquence, que leur mode d'action sur l'économie vivante est analogue à celui de l'éther et du chloroforme.

Les propriétés de la kréosote, celles du camphre, conduisent à la même conclusion.

Expériences entreprises dans le but de prouver que, chez un grand nombre d'animaux, la dose de substance anesthésique qui pénètre par inspiration pendant la vie pour déterminer la mort s'oppose assez fortement à la combustion lente pour conserver d'une manière notable l'animal après la mort.

Expériences sur les poissons.— Le 8 janvier 1850, dans le but d'asphyxier un poisson par le chloroforme, je l'ai introduit dans un flacon à l'émeri ; j'ai suspendu au bouchon une éponge imbibée de chloroforme, et disposée de manière qu'elle ne fût pas en contact avec l'animal. La mort a eu lieu en cinq minutes environ. Elle était bien réellement produite par le chloroforme ; car, d'après l'expérience que j'en ai faite, un poisson de cette espèce et de cette grosseur peut, sans aucun danger pour la vie, rester une heure dans le flacon. La mort reconnue, j'ai retiré l'animal ; je l'ai mis dans un autre flacon à l'émeri, plus étroit, et j'ai bouché.

Un autre poisson, de même grosseur et de même espèce, mais qu'on avait laissé mourir à l'air, a, le même jour, et aussitôt la mort reconnue, été renfermé dans un flacon tout semblable. Les deux vases, bouchés avec soin, ont été laissés l'un à côté de l'autre.

Le poisson non chloroformisé était depuis plus de huit jours en pleine putréfaction, gonflé, ramolli, environné de liquide et d'une odeur fétide, lorsque le poisson chloroformisé se trouvait encore parfaitement frais. Ce dernier n'a répandu l'odeur de pourri que le 24 janvier, et elle était alors plus faible que celle qui se dégageait quinze jours auparavant du poisson mort non chloroformisé.

Le 5 mars 1850, j'ai répété l'expérience sur deux autres poissons de même espèce et d'égale grosseur.

L'un a été chloroformisé par le moyen employé dans l'expérience précédente ; il n'est mort qu'au bout de dix minutes. On l'a aussitôt retiré, essuyé avec un linge blanc, et renfermé dans un flacon étroit, bouchant à l'émeri.

L'autre poisson est mort renfermé dans un flacon sem - blable à celui où le premier a été chloroformisé. Retiré ensuite, puis essuyé, il a été mis dans un flacon plus étroit, semblable à celui où était déposé le poisson tué par l'inhalation du chloroforme. Tous deux ont été abandonnés dans un même lieu, une pièce où l'on faisait du feu tout le jour.

Les vases ont été débouchés le même nombre de fois, et, autant que possible, pendant le même temps. Chacun des poissons était placé verticalement, la tête en bas.

La putréfaction du poisson mort simplement asphyxié dans un air pauvre en oxygène s'est bientôt déclarée. Dès le 10 mars, il répandait une odeur de pourri bien caractérisée ; le 15, il était jaunâtre sous le ventre, ramolli et infect ; il ne pouvait plus rester droit, et s'était affaissé au fond du flacon. Le **22**, un liquide grisâtre, épais et assez abondant en était sorti ; l'odeur de pourri continuait à être très prononcée.

Quant au poisson mort par l'inhalation du chloroforme, il n'avait, le 10 mars, subi aucun changement appréciable dans sa couleur, son odeur ni sa consistance ; il présentait, en un mot, tous les caractères de la fraîcheur. Il en était de même le 15. Mais le 22, une petite quantité de liquide clair s'était écoulée par la bouche ; une légère teinte jaunâtre semblait apparaître sous le ventre ; du reste, aucune odeur de pourri, mais seulement, comme à l'ordinaire, une très légère odeur de chloroforme. Un fait remarquable : les choses étaient encore au même état le 1er, le 8 et le 19 du même mois, le 2 et le 19 mai. Alors je mis fin à l'expérience.

Expériences sur les grenouilles et les lapins. — Sur les lapins et les grenouilles, l'expérience réussit à souhait.

Les grenouilles sont prises de même taille, les lapins de même taille, et, autant que possible, de même âge. La mort est déterminée par anesthésie pratiquée à la manière ordinaire, c'est-à-dire en faisant respirer à l'animal de la vapeur de chloroforme imbibant une éponge placée au fond d'un verre à pied.

Chez les animaux qui doivent servir de terme de comparaison, l'asphyxie est produite, pour les lapins, par strangulation, et, pour les grenouilles, par abandon dans un vase fermé. Toujours, même quand on abandonne les animaux à l'air, ceux qui sont morts par anesthésie se conservent un temps notablement plus long que ceux dont la mort a eu lieu par simple asphyxie.

Expériences sur les oiseaux. — La respiration est si active chez les oiseaux, et particulièrement chez ceux de petite taille, que la dose d'anesthésique qui tue par inspiration ne suffit pas toujours pour conserver après la mort. Il faut prendre quelques précautions pour faire durer longtemps l'inspiration. J'ai réussi, surtout avec le chloroforme. Je donnais peu de vapeur d'abord ; j'augmentais ensuite fortement la dose.

Le 17 février 1850, trois moineaux morts sont enfermés séparément dans des flacons de même capacité, bouchant à l'émeri :

Le premier, tué par asphyxie dans un flacon fermé ;

Le second, anesthésié successivement plusieurs fois par l'éther sulfurique à de courts intervalles, puis tué par cet agent dans une dernière tentative poussée plus loin ;

Le troisième, anesthésié de la même manière, mais avec le chloroforme.

Le moineau simplement asphyxié répand une odeur de pourri bien marquée le 10 mars. L'odeur est très forte le 19 ; l'animal, très humide, ramolli, presque pâteux, a ses plumes sans adhérence, le ventre rouge et très humide.

Le moineau tué par anesthésie éthérée n'a, le 10 mars, aucune odeur autre que celle de l'éther. Le 19, il offre une légère odeur de pourri ; mais sa chair est ferme, les plumes sont bien adhérentes ; enlevées sous le ventre, elles laissent voir la peau blanche et sèche comme sur l'animal frais.

Le moineau tué par le chloroforme ne répand, le 19 mars, aucune autre odeur que celle du chloroforme. Les plumes sont fortement adhérentes ; enlevées sous le ventre, elles laissent voir la peau ferme, sèche, légèrement rougeâtre. Le ventre n'est pas gonflé. L'oiseau paraît dans un état de fraîcheur.

Répétée le 15 septembre sur deux moineaux, l'expérience avec le chloroforme amène des résultats analogues.

Le moineau mort par asphyxie dans un vase fermé, retiré ensuite et mis dans un flacon bouchant à l'émeri, a déjà de l'odeur le 24. Elle est fortement putride le 1er octobre ; l'abdomen est ballonné, et les plumes sont en beaucoup de points mouillées d'un liquide grisâtre.

Le moineau mort par le chloroforme n'a d'odeur putride ni le 24 septembre ni le 1er octobre. Mais le 9, les plumes sont légèrement mouillées à la partie du corps placée en dessous.

ADDITION. — Quelques accidents signalés par les journaux viennent ajouter de l'autorité à mes expériences.

Madame Simon, de Strasbourg, d'une bonne santé, d'une forte constitution, d'un tempérament nervoso-sanguin, se fait anesthésier pour qu'on opère l'extraction de plusieurs dents. L'anesthésie, déterminée par le chloroforme, est mal conduite : cette dame meurt subitement, tuée par l'agent anesthésique. Malgré la dose de chloroforme inspirée, que les débats judiciaires postérieurs montrent avoir été très faible, malgré la température du mois de juin, malgré la constitution du sujet, le cadavre subit une conservation qui frappe les médecins venus pour faire l'autopsie. (*Gazette des hôpitaux* du 2 mars 1852, et surtout *Toxicologie* de M. Orfila, t. 2, p. 710.)

Atteinte de douleurs névralgiques, madame Lafarge, libérée après la condamnation qui suivit le drame du Glandier, « faisait un fréquent usage de *café*, d'*éther* et d'autres substances liquides dont le nom m'échappe actuellement, dit le rédacteur de la *Gazette des tribunaux*. Il paraît que le dimanche (celui qui précéda sa mort) la dose fut *considérablement augmentée;* le soir, des oppressions d'une nature inquiétante se manifestent chez elle. Dans la nuit, on ne conservait que peu d'espoir ; le lundi matin, à 9 heures un quart, elle avait cessé de vivre. »

Eh bien, après la mort, les assistants « sont frappés du calme et de la sérénité de la figure; on eût dit le sommeil d'une jeune fille rêvant les béatitudes célestes. L'état parfait de conservation du cadavre fait naître le bruit qu'elle n'est pas morte. On retarde les obsèques, et il faut l'intervention des médecins pour qu'on se décide à l'inhumation. » (*Gazette des tribunaux* du 15 septembre 1852.)

Bien que ce dernier fait manque de détails suffisants, tout porte à croire néanmoins qu'après la mort déterminée par l'inhalation du chloroforme, la conservation du corps s'effectue d'une manière notable chez l'homme et chez tous les mammifères. Du reste, la question ne peut rester longtemps sans être complétement résolue expérimentalement.

Le pouvoir conservateur que les anesthésiques exercent sur le cadavre des animaux qui les ont pris pendant la vie pourrait sans doute être utilisé dans la conservation de la volaille, du poisson et de la chair de boucherie.

On préparerait à la mort les animaux, en leur faisant prendre à l'intérieur, sous forme liquide, avec ou sans aliments, du chloroforme par exemple, puis on les tuerait par l'inhalation de ses vapeurs.

Si l'action était convenablement ménagée, la chair des animaux serait notablement plus tendre ; le sang, devenu plus fluide s'infiltrerait, et, comme par la mort ainsi déterminée il devient un dissolvant des chairs, leur ramollissement s'effectuerait.

Si le chloroforme communiquait quelque saveur, il serait facile de le remplacer par d'autres agents, par l'oxyde de carbone par exemple, ou par des mélanges conservateurs.

TROISIÈME NOTE[1].

Les anesthésiques par inspiration, et en général tous les agents qui préser-
vent de combustion lente par l'oxygène humide les matières animales
mortes, sont des poisons pour les végétaux comme pour les animaux.
Ce n'est point par une action directe sur le système nerveux ni sur le
cœur, ni par la coagulation de l'albumine, qu'ils déterminent la mort ;
c'est en s'opposant, pendant la vie comme après la mort, à la combustion lente par l'oxygène humide.

Note présentée à l'Académie des sciences, le 9 octobre 1850.

Commissaires : MM. Magendie, Payen.

Messieurs,

Dans mes notes actuellement publiées, j'ai dit :

Tout agent qui, soit en se combinant avec les matières
animales mortes et changeant leur nature, soit en para-
lysant d'une manière quelconque l'action de l'oxygène humide sur ces matières, les tient complétement à l'abri de
la putréfaction en présence de l'oxygène humide, c'est-à-
dire les protége complétement contre la combustion lente
par ce gaz, ne doit pouvoir s'introduire à dose convenablement forte dans la circulation, pendant la vie, sans
exercer sur les globules et sur les éléments protéiques du
sang la même protection qu'après la mort.

J'ai ajouté : La liaison intime existant entre l'entretien,
entre l'activité de la vie, et la combustion incessante dans
la circulation, conduit à cet autre principe : Tout agent qui,
en présence même de l'oxygène humide, s'oppose à la combustion lente des matières animales mortes, ne saurait,
pendant la vie, pénétrer dans la circulation, aux doses qui

(1) Cette Note a été insérée dans la *Revue scientifique*, numéro de mai
1851, t. XL, p. 257.

protégent contre la combustion lente, sans être, suivant la dose, sédatif, stupéfiant, ou poison faisant mourir par asphyxie.

A l'appui de cette manière de voir, je me suis borné jusqu'ici à montrer, tant par les expériences et les observations appartenant à la science que par celles qui me sont propres :

1° Qu'*il n'existe pas un seul agent capable de protéger énergiquement les matières animales contre la combustion lente par l'oxygène humide, qui ne soit poison quand il a été introduit en quantité suffisante dans la circulation pendant la vie ;*

2° Que les phénomènes accomplis sous l'influence de tels agents pendant la vie, et sur un même animal et sur les animaux des différentes classes, comme aussi les caractères qu'on observe après la mort, sont essentiellement ceux qui se produiraient si le mode d'action que j'indique était réellement exercé ;

3° Qu'en outre, ceux d'entre ces mêmes agents qui protégent le mieux contre la combustion lente les matières animales mortes sont, pendant la vie, les poisons les plus actifs.

Je le savais, l'action toxique d'un grand nombre de ces agents préservateurs de la combustion lente en présence de l'oxygène humide (l'acide cyanhydrique, les éthers, le chloroforme, le camphre, la liqueur des Hollandais, la benzine, les arsenicaux, etc.) est attribuée à une *influence directe* sur le système nerveux ; mais on ne leur connaît sur ce système aucune action de nature à produire l'ensemble des phénomènes observés chez les animaux ; c'est dès lors une assertion toute gratuite, et j'avais cru suffisant de montrer que le mode d'action présenté par la chimie, pour ainsi dire comme inévitable, était en rapport parfait avec les phénomènes constatés pendant la vie et après la mort.

Aujourd'hui, j'aborderai la question de l'influence directe de ces poisons sur le système nerveux ; et, afin que la réfutation puisse s'appliquer à tous les cas, je chercherai à prouver que, *même en l'absence d'un tel système,* les agents, qui préservent de combustion lente les matières animales mortes s'opposent pendant la vie à l'exercice d'une fonction capable, par son interruption, de causer la mort de tous les êtres organisés.

Pour arriver à ce but, j'ai étudié l'action exercée sur les végétaux par les préservateurs de la combustion lente.

Là, point d'influence générale du système nerveux. Est-ce par une action directe sur ce système, que, contrairement à ce que j'admets, ces poisons déterminent la mort des animaux : ne pouvant plus exercer la même influence sur les végétaux, il n'y aura plus de raison pour qu'ils se montrent toxiques à leur égard. Il en sera autrement si, conformément à ma théorie, c'est en arrêtant la respiration qu'ils déterminent la mort.

Comme, d'après mes recherches, les agents qui protégent les matières animales mortes contre la combustion lente par l'oxygène humide exercent en général la même protection sur les végétaux et les conservent ; comme les matières azotées du sang des animaux se retrouvent dans la séve, c'est-à-dire dans le sang des végétaux ; comme d'autre part, d'après des faits peu connus il est vrai, mais néanmoins du domaine de la science, l'oxygène n'est pas seulement essentiel à l'entretien de la vie des animaux, mais aussi à l'entretien de celle des végétaux[1] : les agents qui préservent de combustion lente par l'oxygène humide les matières organisées mortes seront des poisons pour les végétaux comme pour les animaux, si réellement ils exercent pendant la vie la même protection qu'après la mort.

J'ai donc fait la recherche des matériaux épars que la science possède à cet égard. J'ai ajouté mes expériences

[1] Voir mes Mémoires sur le *Rôle de l'oxygène dans la respiration et la vie des végétaux;* Paris, 1852, chez J.-B. Baillière, in-8°.

lorsqu'il y avait des lacunes importantes , et particulièrement en ce qui concerne les nouvelles substances auxquelle*
j'ai reconnu la double propriété de conserver, malgré la
présence de l'oxygène humide, les matières animales et
végétales mortes, et d'être poisons pour les animaux vivants. J'ai trouvé précisément ce que j'avais prévu, c'est-à-
dire précisément ce qui devait être d'après la théorie que
je soutiens.

L'acide cyanhydrique, les éthers, le chloroforme, le
camphre, tous les anesthésiques volatils, les combinaisons
convenablement solubles des métaux proprement dits, tous
les agents en un mot qui, conservant les matières végétales et animales en présence de l'oxygène humide, les
protégent après la mort contre la combustion lente que ce
gaz en opérerait, se comportent comme s'ils exerçaient la
même protection dans tous les êtres organisés vivants, ex-
cepté tout au plus dans quelques végétaux des dernières
classes : ils deviennent poisons pour les végétaux comme
pour les animaux.

Conformément à ce qui doit arriver s'ils agissent sur la
respiration, plus la température est élevée, plus aussi est
rapide l'action toxique produite sur les animaux à sang
froid et sur les végétaux. Tel est, par exemple, le résultat
qu'on obtient avec les composés métalliques solubles, bien
que, ne répandant pas de vapeurs, ils ne puissent, par
l'élévation de température, trouver en eux-mêmes un sur-
croît de force en augmentant la proportion agissante.

Voilà donc un fait acquis :

L'action toxique exercée par les agents qui préservent de
combustion lente les matières organisées mortes n'a pas
lieu seulement dans les êtres organisés à système nerveux;
elle a lieu dans tous les êtres organisés où la combustion
lente par l'oxygène humide est essentielle à l'entretien de
la vie; dans tous elle est d'autant plus active que la respiration est plus indispensable.

Sans doute, les agents qui, malgré la présence de l'oxygène humide, s'opposent à la combustion lente des matières végétales et animales sont capables d'exercer une action sur les nerfs. On ne saurait le nier quand on voit ces agents s'opposer après la mort à l'altération de la matière nerveuse comme à celle de toute autre matière organisée. Je dis seulement qu'on ne connaît pas nettement l'influence de cette action sur la vie ; que *l'action sur les fluides est primitive ;* que la nécessité de respiration la montre comme suffisant à elle seule pour déterminer la mort de tous les êtres organisés ; qu'enfin l'expérience prouve que, si l'action sur le système nerveux peut quelquefois venir en aide, son intervention n'est pas nécessaire, puisque la mort a lieu dans tous les êtres organisés, qu'ils aient ou qu'ils n'aient pas de système nerveux [1].

(1) *Note additionnelle.* — On le voit par ce qui précède, en étudiant au point de vue de la chimie les propriétés des médicaments, les propriétés des anesthésiques, celles des poisons, j'ai trouvé, pour plus de mille cas, qu'ils exercent sur le sang une action de nature à expliquer les effets thérapeutiques, les effets physiologiques, les effets toxiques qu'ils produisent. L'ensemble de mes recherches conduit donc à ce résultat :

En général, aucun anesthésique, aucun poison n'exerce *par lui-même* d'action sur le système nerveux ; l'action est toujours exercée sur le sang, et c'est ce fluide modifié qui modifie ensuite l'action nerveuse. Les choses avaient été considérées d'une autre manière. Jusqu'ici, les auteurs les plus distingués ont généralement admis que les agents dont l'action est considérée comme se portant sur le système nerveux exercent cette action *par eux-mêmes et directement sur la substance nerveuse.*

Tantôt l'action aurait lieu sur les extrémités nerveuses, avant le passage dans le torrent circulatoire ; tantôt l'agent passerait dans la circulation générale, et, transporté par le sang, irait *lui-même modifier directement* les centres nerveux.

A l'égard des anesthésiques en particulier, un savant des plus illustres et des plus justement estimés s'est exprimé ainsi : « Dans l'asphyxie ordinaire, le système nerveux perd ses forces sous l'action du sang noir, du sang privé d'oxygène ; et, dans l'éthérisation, le système nerveux perd d'abord ses forces sous *l'action directe* de l'agent singulier qui la détermine. C'est là qu'est la différence. » (Voir d'ailleurs les traités de toxicologie, ceux de thérapeutique, et en particulier les divers ouvrages publiés sur les anesthésiques.)

Telles sont les raisons pour lesquelles, bien que sachant toute l'importance du rôle qu'on attribue au système nerveux dans la production des phénomènes dont il s'agit, je crois devoir passer outre.

Je savais également que, d'après ce qu'on admet, certains poisons, les arsenicaux, les mercuriaux, etc., détermineraient la mort des animaux par une action particulière sur le cœur accompagnant l'action sur le système nerveux. Pouvais-je attacher à cette cause plus d'importance qu'à l'action directe sur le système nerveux, lorsque je voyais ces poisons tuer les animaux privés de cœur comme ceux qui en ont un, et les végétaux comme les animaux? L'action directe sur le cœur, si elle se produisait, ne pourrait encore être que secondaire.

Je savais, enfin, qu'on admettait un troisième mode d'explication de la mort déterminée par certains poisons préservateurs de la combustion lente : je veux parler de la coagulation de l'albumine. Mais cette coagulation, considérée tout à la fois comme la cause du pouvoir conservateur et du pouvoir toxique de certains agents, de la kréosote par exemple, n'a pas plus que les précédentes le caractère qui serait essentiel pour expliquer la mort de tous les animaux, celle de tous les végétaux.

Comment le fait brut de la coagulation de l'albumine par une substance expliquerait-il son pouvoir conservateur, lorsque l'albumine coagulée se putréfie parfaitement? Comment ce même fait brut expliquerait-il le pouvoir toxique des substances qui n'ont pas été directement introduites dans la circulation, lorsqu'elles ne pénètrent, en général, que par suite de la dissolution du coagulum, et qu'à la mort le sang est en général remarquable, non par sa coagulation, mais par une fluidité anormale?

Il en serait ainsi de cette cause comme de l'action directe sur le système nerveux : elle ne pourrait être que secondaire,

En résumé, les agents qui conservent les matières végétales et animales malgré le contact de l'oxygène humide, c'est-à-dire les protecteurs contre la combustion lente par ce gaz humide, ne sont pas des poisons seulement quand ils coagulent l'albumine ; ils n'empoisonnent pas seulement les êtres organisés qui ont un cœur, ceux qui ont un système nerveux. Que ces préservateurs de la combustion lente soient ou non capables de coaguler l'albumine ; que la coagulation ait ou n'ait pas lieu pendant leur influence sur l'économie vivante ; qu'ils exercent cette influence sur des êtres organisés ayant ou n'ayant pas de cœur, ayant ou n'ayant pas un système nerveux, ils sont poisons pour tous les animaux, pour tous les végétaux, sauf, tout au plus, parmi ces derniers, quelques-uns des dernières classes.

Voilà, par exemple, ce qui a lieu pour les éthers, pour le chloroforme, pour les hydrocarbures liquides, pour les divers anesthésiques, pour l'acide cyanhydrique, pour les composés métalliques convenablement solubles : arsenicaux, mercuriaux, composés de zinc, d'étain, de cuivre, d'argent, d'or, etc.

L'action toxique est générale ; il lui faut une cause générale. Une seule, je crois, remplit cette condition : c'est la cause qu'indique la propriété commune à tous ces agents d'être préservateurs de la combustion lente des matières organisées par l'oxygène humide. Exerçant ce pouvoir pendant la vie comme après la mort, dans les végétaux comme dans les animaux, ils ralentissent ou interrompent complétement une fonction essentielle à la vie des végétaux comme à celle des animaux, la respiration d'oxygène humide ; ils sont dès lors, suivant la dose, médicaments sédatifs chez les animaux, poisons asphyxiants chez tous les êtres organisés.

QUATRIÈME NOTE.

Sur un nouvel anesthésique : l'éther bromhydrique. — Désignation générale des substances actuellement connues qui doivent étré anesthésiques par inspiration.

Note présentée à l'Académie des sciences, le 28 avril 1851.

(Compte rendu, tome XXXII, page 649.)

La théorie que j'ai développée dans plusieurs dé mes Notes rangeait l'éther bromhydrique parmi les agents qui, même en présence de l'oxygène humide, protégeant les matières animales contre la combustion lente, sont antiputrides après la mort, et, suivant la dose, sédatifs, antiphlogistiques et poisons asphyxiants pendant la vie. Ceux des agents modérateurs de la combustion lente qui appartiennent à cette classe sont nécessairement anesthésiques quand ils pénètrent à dose suffisante dans la circulation.

N'ont-ils de saveur ni âcre ni caustique : ils sont anesthésiques par inspiration, si le terme d'ébullition, inférieur à 80° environ, leur permet de répandre beaucoup de vapeurs aux températures ordinaires ; ils ne sont plus qu'anesthésiques locaux ou par application, si le terme d'ébullition est trop élevé.

Ils sont de *bons* anesthésiques par inspiration, si, ne se dissolvant pas dans l'eau, ne se combinant pas avec les tissus, ils ont une saveur et un point d'ébullition convenables.

L'éther bromhydrique, qui bout à 40°,7, qui n'a de saveur ni âcre ni caustique, qui répand une odeur aromatique assez faible et très agréable, réunissait donc les conditions utiles, suivant moi, pour faire un bon anesthésique par inspiration. Aussi n'ai-je pas manqué, il y a plusieurs mois, de le comprendre, avec l'acétate de méthylène, l'hy-

drure d'amyle $C^{10}\,H^{12}$, l'amylène $C^{10}\,H^{10}$, dans l'énuméra-
tion que je faisais des agents non encore employés qui
peuvent jouir du pouvoir anesthésique par inspiration.

J'étais soutenu dans cette manière de voir par ce fait,
que l'éther bromhydrique présente une extrême analogie
avec l'éther chlorhydrique, dont les propriétés anesthésiques sont très remarquables, ainsi que l'a découvert
M. Flourens, le savant secrétaire de l'Académie.

Les circonstances m'ayant amené à faire l'étude particulière du premier de ces éthers, je me suis empressé de
constater ses propriétés antiputrides.

D'une part, les matières animales n'éprouvent aucune
altération, c'est-à-dire sont protégées contre la combustion
lente, tant dans sa liqueur que dans la vapeur qu'il émet
aux températures ordinaires dans un vase fermé.

D'autre part, sa vapeur anesthésie rapidement les oiseaux. Ils reprennent facilement l'activité de la vie, et ne
manifestent, ni pendant ni après l'anesthésie, aucun indice
de souffrance. Des oiseaux plusieurs fois mis en expérience
il y a quatre jours, sont maintenant pleins de vie.

L'éther bromhydrique se présente donc jusqu'ici comme
devant être mis au rang des meilleurs anesthésiques par
inspiration.

D'après mes expériences, l'éther chlorhydrique de
M. Flourens produit une anesthésie qui ne semble précédée d'aucune excitation : c'est un état léthargique succé-
dant à un doux sommeil; le réveil, facile, n'est suivi d'aucun malaise apparent. Mais le point d'ébullition trop peu
élevé de cet éther ($11° + 0$) n'en rend l'emploi habituellement praticable que dans les pays froids et dans les saisons
froides des climats tempérés. L'éther bromhydrique est,
pour ainsi dire, un autre éther chlorhydrique d'un point
d'ébullition différent, et convenablement approprié à nos
climats.

CINQUIÈME NOTE.

Nouvelles preuves à l'appui de ma théorie. — Réfutation de celle qui fait
consister le pouvoir des anesthésiques dans une compression que leur
vapeur exercerait sur les centres nerveux. — Moyen de composer des
anesthésiques par inspiration.

Note présentée à l'Académie des sciences, le 31 mai 1852.

Commissaires : MM. MAGENDIE, PAYEN, GAUDICHAUD.

Un principe que j'avais établi en m'appuyant sur une
quantité considérable d'expériences m'avait permis de dé-
signer d'une manière générale quelles sont, parmi les
substances actuellement connues, celles qui doivent être
anesthésiques par inspiration. Il suffirait de choisir, dans
la série des substances insolubles, et protégeant contre la
combustion lente malgré la présence de l'oxygène humide,
celles qui, ne contractant pas de combinaison avec les tissus, ou n'ayant de saveur ni âcre ni caustique, présentent
un point d'ébullition assez peu élevé pour répandre beaucoup de vapeurs aux températures ordinaires.

D'après mes expériences, toutes les substances anesthésiques connues appartiennent à cette série, toutes ont un
pouvoir d'autant plus élevé qu'elle remplissent mieux les
conditions indiquées.

L'anesthésie produite, la volatilisation permet à ces
substances de sortir promptement de la circulation, et si
l'action n'a pas été trop prolongée, si la température n'a
pas été abaissée à un degré trop inférieur, l'oxygène, par-

tout présent, ranime partout la vie en ranimant la combustion.

La volatilité de l'agent protecteur contre la combustion
lente est-elle considérable : l'action est prompte, et il en
est de même du retour à l'activité. La volatilité est-elle trop
faible : l'agent anesthésique sort lentement de la circulation ; le retour à l'activité est lent et pénible.

Ce n'est point là une hypothèse de la nature de celle qui
attribue le pouvoir anesthésique à un action directe sur le
système nerveux.

L'hypothèse d'une modification directe du système nerveux par les anesthésiques, venue tout naturellement,
puisqu'on est dans l'habitude de recourir à cette manière
d'explication quand il ne s'en présente aucune autre de
quelque valeur, semble pourtant n'avoir eu à sa naissance
d'autre mérite que d'être conforme aux idées reçues.

Elle manquait de base. On n'avait, je crois, reconnu
aux anesthésiques aucune action sur le système nerveux
qui pût rendre compte des effets produits.

Elle ne pouvait se soutenir quand on venait à considérer l'ensemble des êtres organisés. Les anesthésiques produisent leur effet sur les végétaux comme sur les animaux ;
il leur faut une propriété qui leur permette de paralyser
une fonction nécessaire à la vie des végétaux comme à celle
des animaux, et telle n'est point la propriété qu'on leur
attribue.

L'hypothèse d'une action directe sur le système nerveux
offre-t-elle aujourd'hui un point d'appui plus solide ? Se
soutient-elle mieux dans l'ensemble des cas ? M. Black,
puis successivement M. Ragski et quelques autres sa-
vants, ont pensé que les vapeurs anesthésiques conte-
nues dans le courant sanguin pouvaient exercer sur les
centres nerveux une compression suffisante pour rendre
compte des effets observés.

M. le professeur Coze, de Strasbourg, a fait une expérience ingénieuse tendant à donner une base à cette manière de voir.

J'admets l'hypothèse comme suffisamment établie à son point de départ : encore faudra-t-il qu'elle se soutienne un peu dans l'ensemble des cas.

Mais déjà le manque de bouffissure du visage, l'absence d'augmentation du volume du corps, la possibilité d'anesthésier des fractions de nerfs au contact de l'air [1], etc., jettent du doute sur sa valeur.

Le doute augmente quand on considère les faits plus attentivement.

Pendant la *période d'excitation* produite habituellement *au début* par les inhalations d'éther sulfurique, « l'artère radiale conserve son degré de résistance et de tension, elle est même agitée de pulsations plus fortes ; il se produit une *turgescence générale*, et surtout une turgescence encéphalique, pendant laquelle les temporales battent plus énergiquement. Le système capillaire de la face, celui des conjonctives, se remplissent et donnent à cette région une coloration prononcée. Les veines de la tête se laissent distendre, celles du front particulièrement, et les signes de la congestion encéphalique sont surtout plus évidents si le malade respire mal et lutte contre l'action de l'éther. »

Tels sont les symptômes précurseurs habituels. Voici l'anesthésie : « A *cet état* se substitue graduellement un état opposé : les artères perdent de leur résistance *au toucher* et se dépriment par une légère pression ; plus tard, elles deviennent *comme filiformes* et finissent presque par échapper aux recherches de l'explorateur. La face pâlit, *les veines superficielles s'affaissent,* l'ensemble de l'enveloppe cuta-

(1) **M.** Longet, *Expériences relatives aux effets de l'éther sur le système nerveux*, Paris, 1847.

maines, pendant plusieurs mois, des animaux entiers, des poissons de petite taille et des batraciens.

Il est de fait, à en juger par mes expériences sur des lapins, que *le sang d'un animal anesthésié* par le même agent résiste à la combustion lente, à la putréfaction, plus longtemps que le sang non anesthésié du même animal [1].

Ainsi donc, tout est en opposition avec les théories qu'on m'oppose, tout paraît en rapport avec celle que j'ai donnée; elle seule, d'ailleurs, se montre jusqu'ici un guide iufaillible pour diriger dans la découverte des anesthésiques par inspiration.

A l'égard de cette direction, la chimie indiquait un autre principe non moins fécond : elle indiquait le moyen de composer, pour ainsi dire à volonté, des anesthésiques, de modifier et d'améliorer ceux qui ont par eux-mêmes ce pouvoir.

Les accidents multipliés produits par le chloroforme m'ont engagé à ne plus différer l'application [2].

Il fallait fixer les anesthésiques trop volatils par ceux qui le sont trop peu; communiquer au besoin à chacun quelque chose des propriétés qui recommandent l'un quelconque des autres; changer à volonté leur terme d'ébullition et l'amener au degré le plus convenable pour le but qu'on se proposerait d'atteindre.

(1) Le 15 avril 1852, on fait une plaie à la cuisse d'un lapin, de manière à ouvrir l'artère crurale. On recueille le sang dans un flacon à l'émeri, qu'on remplit jusqu'au quart environ. On arrête alors l'écoulement; on anesthésie l'animal, et, l'anesthésie opérée, on recueille dans un autre flacon, d'égale capacité, une quantité de sang à peu près égale. On bouche ensuite les flacons. Le sang non anesthésié répand une odeur déjà infecte le 24 et le 29, tandis qu'aux mêmes époques le sang anesthésié est sans odeur. Elle n'a commencé à se développer que le 8 mai.

Depuis lors, l'expérience a été répétée aussi sur des lapins, mais avec l'éther. Elle a été faite tant avec l'éther qu'avec le chloroforme sur d'autres animaux : les résultats ont toujours été analogues.

(2) On compte aujourd'hui une centaine de cas de mort par le chloroforme.

J'ai fait l'application de ce principe à l'éther chlorhydrique, excellent anesthésique découvert par M. le professeur Flourens, mais dont la trop grande volatilité ne permettait pas l'emploi dans notre pays. Je lui ai communiqué une volatilité moindre en le dissolvant dans la liqueur des Hollandais, dans la benzine, dans le chloroforme, etc.

Dissous dans un tiers environ de liqueur des Hollandais, il m'a paru constituer un très bon anesthésique par inspiration. Les expériences sur les oiseaux ont donné les meilleurs résultats ; l'action, comme celle de l'éther chlorhydrique pur, n'a été précédée d'aucune excitation. La conservation, l'emploi n'exigent guère plus de précautions que pour l'éther ordinaire. Les praticiens pourraient donc remplacer le chloroforme, ou par l'éther bromhydrique, dont le point d'ébullition ($40°,7$), la saveur et les autres propriétés sont très convenables, ou par l'éther chlorhydrique fixé par un autre anesthésique, par la liqueur des Hollandais par exemple.

Le chloroforme m'a paru très propre au même usage : chargé de trois à quatre fois son volume d'éther chlorhydrique, il produit avec facilité une anesthésie qui se dissipe aisément.

La benzine forme un dissolvant d'une odenr agréable et retenant bien le même éther. Quand elle en a pris six à sept fois son volume, elle constitue une liqueur dont le pouvoir anesthésique est très actif, mais qui devient facilement dangereuse.

L'alcool très concentré peut aussi servir d'excipient : la liqueur suffisamment chargée détermine une prompte anesthésie [1].

(1) L'union de l'éther au chloroforme présenterait de l'intérêt. Le chloroforme tenant en dissolution le double de son volume d'éther produit de bons effets comme anesthésique par inspiration.—Depuis huit mois qu'elle

Enfin le principe de l'association des anesthésiques, permettant de modifier leur terme d'ébullition et leurs propriétés, pourra être utilisé dans l'anesthésie locale ou par application, comme dans l'anesthésie par inspiration .

ADDITION AUX NOTES ADRESSÉES A L'ACADÉMIE.

Quels rapports et quelles différences présentent l'anesthésie et l'asphyxie?

D'après ce qui précède, pour comprendre les ressemblances et les différences qui existent entre l'anesthésie et l'asphyxie, il faut partir de ce principe : Chez les végétaux comme chez les animaux, on trouve un rapport constant entre la quantité de vie et la quantité de combustion. Ce qu'il importe de considérer avant tout, c'est donc bien moins la quantité d'oxygène que la quantité de combustion

est faite, la dissolution de l'éther chlorhydrique dans le chloroforme n'a éprouvé aucune altération. Sa limpidité, son pouvoir anesthésique ont paru ce qu'ils étaient au moment de la préparation. Le niveau de la liqueur dans le vase n'avait pas changé.

(1) Certains liquides insolubles, l'essence de térébenthine, les éthers, etc., au lieu de se former en gouttes au contact de l'eau ou de se mêler avec elle, s'étendent avec une extrême rapidité à la surface et peuvent la recouvrir d'une couche excessivement mince. Un agent insoluble, mauvais conducteur, convenablement fluide, convenablement volatil, qui, passé dans la circulation, envelopperait le sang d'une couche excessivement mince, ou s'opposerait à la transmission de cette chaleur, de ce fluide électrique né de la combustion et nécessaire à l'entretien de l'activité nerveuse, émousserait ainsi sur le système nerveux l'action stimulante du sang, et par cela même serait anesthésique. Dans certains cas, deux modes d'action pourraient donc concourir à l'anesthésie : la diminution de contact du sang ou la non-transmission du stimulus, et l'état de combustion ralentie de ce liquide. En tout cas, l'action primitive serait encore exercée sur le sang, et c'est toujours ce liquide plus ou moins privé d'excitabilité qui n'entretiendrait plus l'action nerveuse.

exercée. L'air pourrait être à l'état normal dans le sang, que l'anesthésie et l'asphyxie n'en auraient pas moins lieu si la combustion était suspendue à un degré très prononcé.

Dans l'asphyxie ordinaire, l'oxygène est en trop faible proportion pour communiquer au sang l'état de combustion nécessaire à l'activité de la vie.

Dans l'anesthésie convenablement dirigée, et telle que mes recherches la présentent, l'oxygène, bien qu'en moindre proportion qu'à l'état normal, est assez abondant pour entretenir la vie ; mais l'agent anesthésique s'oppose à l'exercice de la combustion et la rend assez faible pour qu'elle ne puisse entretenir l'activité.

Dans l'anesthésie comme dans l'asphyxie ordinaire, la combustion est donc réduite au point de ne pouvoir entretenir l'activité du mécanisme ; la cause seule est différente. Dans l'asphyxie, c'est le gaz comburant qui manque à la combustion nullement entravée par ailleurs. Dans l'anesthésie bien conduite, c'est la faculté d'exercer la combustion qui manque au gaz comburant resté pour une grande part en présence du combustible, mais neutralisé par la substance anesthésique, et toujours prêt à ranimer la combustion et la vie dès que la volatilisation de cette substance lui rendra sa libre action.

Telle est la ressemblance et telle est la première différence entre l'anesthésie et l'asphyxie. Voici une autre différence.

D'après mes expériences sur la conservation comparée des animaux morts par anesthésie et de ceux qui sont morts par simple asphyxie, d'après mon expérience sur le sang anesthésié, la quantité de combustion devient plus faible dans l'anesthésie que dans l'asphyxie ordinaire.

La combustion plus faible entraîne une production de chaleur moindre ; la production moindre de chaleur entraîne un plus grand refroidissement et aussi une quantité moindre de vitalité, puisque toujours la quantité de vie est en rapport avec la quantité de combustion.

De là l'explication toute naturelle de ces faits qui ont paru si merveilleux :

La température baisse beaucoup plus rapidement[1], l'insensibilité devient beaucoup plus profonde, et pourtant le retour à l'activité est beaucoup plus facile dans l'anesthésie que dans l'asphyxie ordinaire par simple privation d'oxygène.

Cette combustion, cette vitalité moindres dans l'anesthésie que dans l'asphyxie ordinaire constituent la seconde différence qu'elles présentent.

Il en est une troisième : c'est la coloration du sang, à laquelle on attachait tant d'importance au point de vue de la théorie des anesthésiques.

Au fond, ce n'est pas parce que le sang a telle ou telle couleur qu'il est ou qu'il n'est pas propre à entretenir la vitalité des organes ; c'est parce qu'il est à un état de combustion plus ou moins active.

Dans les conditions ordinaires, la couleur rouge du sang est l'indice d'une combustion suffisante ; la couleur noire, l'indice d'une combustion trop faible pour que l'activité de la vie soit entretenue ; par suite, dans l'asphyxie ordinaire par simple diminution d'oxygène, les changements de couleur du sang artériel traduisent très bien le degré d'intensité de la combustion.

Il n'en est plus de même dans l'anesthésie. La substance anesthésique peut elle-même exercer une action sur la couleur du sang ; la nuance de ce fluide ne traduit plus qu'imparfaitement le degré d'activité de la combustion dont il est le siége.

______

(1) MM. Aug. Duméril et Demarquay, *Recherches expérimentales sur les modifications imprimées à la température animale par l'éther et le chloroforme,* pages 18 et 19.

Mis en contact avec l'éther, et tenu dans un vase fermé, le sang artériel brunit et reste indéfiniment brun rouge, ou plutôt d'une couleur amarante; conservé dans les mêmes conditions par l'*eau* chloroformisée, le sang reste indéfiniment d'un rouge clair. (Voir mon Mémoire présenté à l'Académie le 18 novembre 1850[1].)

Le sang pouvant être complétement protégé contre la combustion lente, dès lors être rendu complétement anesthésique par un agent qui le maintient rouge; on conçoit que l'anesthésie pourrait coïncider avec un sang qui serait rouge même dans les veines, et que la coloration de ce fluide devient un phénomène tout secondaire.

En réalité, le fait est parfaitement reconnu aujourd'hui : dans l'anesthésie convenablement dirigée et produite par le chloroforme, le sang ne devient pas tout d'abord brun comme on le croyait dans le principe; mais l'insensibilité est déjà très prononcée lorsque le sang artériel est encore rose ou d'un rouge à peine plus foncé qu'à l'état normal. Ce n'est qu'autant que l'action est poussée trop loin, ou trop longtemps continuée, que le sang prend enfin la nuance brun rouge.

Voilà comment, sans qu'on ait besoin de faire intervenir une action directe sur le système nerveux, s'expliquent d'une manière toute simple les différences que présentent l'anesthésie et l'asphyxie ordinaire.

Des considérations analogues expliquent pourquoi, dans l'asphyxie par l'acide carbonique, par l'oxyde de carbone, par le gaz de l'éclairage, et même jusqu'à un certain point par l'hydrogène bicarboné, la sensibilité disparaît plus profondément, la mort est plus rapide que dans l'asphyxie

(1) Je conserve, depuis le mois de janvier 1850, du sang dans l'éther sulfurique pur; il a une belle nuance rouge amarante. D'autre sang, gardé depuis la même époque dans l'eau chloroformisée, offre une couleur rouge clair d'un bel aspect.

soit par strangulation, soit par immersion dans le gaz azote où dans le gaz.hydrogène : la combustion du sang est plus profondément entravéedans le premier cas que dans le second.

Quelques mots sur la méthode d'éthérisation.

En dernier résultat, l'anesthésie n'étant qu'une asphyxie d'un ordre particulier, et ne déterminant la mort que par ce moyen, il serait rationnel de lui appliquer les règles bien connues qui régissent les asphyxies. Par là, je crois, on arriverait à diminuer beaucoup les chances de mort que présente l'anesthésie telle qu'on l'a pratiquée jusqu'ici.

Chez les différents animaux, l'asphyxie est d'autant plus facile à produire que la respiration est plus active. Il ne faudrait donc pas faire brusquement respirer de grandes quantités d'un anesthésique, et surtout de l'anesthésique le plus énergique, par des sujets pleins de santé et de vigueur, à large poitrine et à combustion puissante, ni même à des sujets ordinaires dont la respiration vient d'être activée par l'exercice. Enfin, dans certains cas, il semblerait rationnel de soumettre les sujets à une sorte de traitement préparatoire. Pressé par d'autres travaux, je ne puis maintenant traiter celui-ci comme je le désirerais. J'en ai dit suffisamment pour attirer sur la matière l'attention du praticien intelligent, et disculper les opérateurs d'une certaine classe des reproches que leur ont faits des personnes qui, sans être *plus prudentes,* se sont trouvées dans de meilleures conditions pour être plus heureuses.

Paris. — Imprimerie d'E. Donnerger, r. de Verneuil, 6.